教会の花

Floral Art of the Protestant Church

川端 安子
手塚 恭子

日本キリスト教団出版局

はじめに

　私たちは神様に呼び寄せられて教会に集っています。

　教会は2000年を超えるキリスト教の歴史が守り続けてきた信仰の証^{あかし}ですが、この教会の集いに秩序と絆を与えているのが日曜日毎に行われる主日礼拝です。主日礼拝では、牧師の説教を通して聖書の言葉を聴き、神への感謝と賛美の祈りを献げます。そして、この礼拝は賛美の歌とお花が添えられることでいっそう豊かな信仰の香りに満たされます。

　私たちの仙台北教会では、主日礼拝には、祭壇やその傍らにいつもアレンジされたお花が献げられています。古老の方に伺うと、お花を献げる営みは教会創立当初に素朴な形で始まり、いつからか「生け花」をたしなむ教会員の手によって形を整え、やがて1980年代にフラワー・アレンジメントの技法を取り入れ、様々な試行錯誤を重ねながら現在のような様式に発展してきたと言います。

　この発展に大きく貢献されたのが川端安子さんでした。私は、ここ30年来、彼女が礼拝に献げたお花を見るたびに感動を覚えずにはいられませんでした。日本の伝統的な生け花と欧米から伝来したフラワー・アートの双方に深い造詣を持ち、その調和のとれた技術をもって教会礼拝における装花のあり方を真剣に追求している様子が感じ取れたからです。また、

1987年以来長い間川端安子さんに師事し、教会内外の様々な活動を共にしてきた手塚恭子さんも、献身的でひたむきな努力を通して、礼拝に献げる装花のあるべき姿を模索していました。

　礼拝のお花は単なる飾りやデコレーションではありません。二人の作品には、生け花の求める線（ライン）の美しさとフラワー・アートの求める装飾性の融合があり、そこに神様への祈りが感じられます。教会暦や季節の移ろいに従い、その時々に与えられる花材を用いて感謝と賛美を表し、神様にお献げするものとなっているのです。

　ここ30年ほど、私は折に触れて二人の作品を写真に収めてきました。このたび、多くの方々のお薦めを受け、またお二人のお許しを得て、その一端を『教会の花』として紹介させていただくことにしました。ただ、ここに掲載された写真には、画質が古く記録が不十分なものも少なからず含まれていますので、ご容赦いただければ幸いです。

　末筆になりますが、長年にわたり私どもを支えてくださいました仙台北教会の皆さまに深い感謝を申し添えます。

手塚　文明

目次

はじめに …… 2

教会の暦に寄せて　*In accordance with the church calendar* …… 7

　受難節　Lent …… 8

　イースター　Easter …… 10

　ペンテコステ　Pentecost …… 13

　教会創立記念日　Church Founding Anniversary …… 14

　子どもの日・花の日　Children's Day・Flower Sunday …… 15

　平和聖日　Peace Sunday …… 16

　世界聖餐日　World Communion Sunday …… 18

　宗教改革記念日　Reformation Day …… 20

　召天者記念礼拝　Memorial Service for Deceased members …… 22

　収穫感謝礼拝　Thanksgiving Day …… 24

　待降節　Advent …… 25

　クリスマス　Christmas …… 29

結婚式　*Wedding* …… 31

葬儀　*Funeral* …… 35

折々のささげもの　*Occasional Offerings* …… 39

　冬　*Winter* …… 40

　春　*Spring* …… 43

　夏　*Summer* …… 46

　秋　*Autumn* …… 49

亡き友を偲んで　*In memory of the deceased* …… 53

あとがき …… 55

（写真と文：手塚 文明）

教会の暦に寄せて

*In accordance
with the church calendar*

受難節（Lent）

　受難節は、主イエスの十字架刑に至る苦難の道のりを覚えて祈る期間で、イースター前の日曜日を除く40日間と定められ、「四旬節」とも呼ばれます。イースターの46日前の水曜日から始まり、この受難節の始まりの日を「灰の水曜日」と呼びます。

ああ主は誰(た)がため 世にくだりて、かくまでなやみを うけたまえる

　聖書の左側にツルバラの「いばらの冠」、右側には早春に花穂をつけるネコヤナギの「十字架」を配しました。神の偉大な出来事（復活）への待望を示しています。

ツルバラ Rambling rose
カナリーヅタ Canary ivy

ネコヤナギ Salix gracilistyla

受難節の典礼色は悔い改めを示す紫です。紫色のリボンとローソクを用い、紫のアネモネで十字架を作りました。ローソクの灯はキリストの光を意味しています。受難節最初の主日礼拝では、7本のローソクすべてに灯を点(とも)し、礼拝後に1本の灯を消します。その後の日曜日ごとに1本ずつ消灯し、受難日（イースター前の金曜日）に最後の1本の灯を消して暗黒の世界を表します。

アネモネ Anemone
エリカ Erica

イースター(Easter)

イースターは、受難日の3日目に起こったイエスの復活を記念する日で、春分の日の後の満月の後に来る最初の日曜日と定められています。この日は、すべてがよみがえる春の到来をお祝いする日でもあります。

われらの主イェスは 死をのりこえて、
まことのいのちに よみがえられた。ハレルヤ

テッポウユリ Easter lily、トルコキキョウ Lisianthus、スイセン Jonquilla narcissus

イースターの典礼色は白です。白いローソクを立て、白いテッポウユリを基調にし、これに白いトルコキキョウを添えてみました。
さらに黄色いスイセンを加えると、白の輝きがいっそう引き立って見えます。トランペットのようなテッポウユリから、神のささやきが聞こえてくるようです。

テッポウユリ Easter lily、スイセン Jonquilla narcissus、レンギョウ Golden bell flower

同じ色合いでも花材や色のバランスによって雰囲気が変わります。典礼色の白が多ければイースターの清楚なイメージが、黄色が多ければ喜びのメッセージが強まります。ここでは、テッポウユリに加えて、春の到来を告げる黄色いスイセンとレンギョウ、そしてユリの白を引き立てるユキヤナギなどの可憐な白い花も入れてみました。いっそう復活の喜びと生命の躍動感が伝わってくるように思います。

テッポウユリ Easter lily
スイセン Jonquilla narcissus
レンギョウ Golden bell flower
ユキヤナギ Thunberg's meadowsweet

イースターの装飾では、イースター卵も大切なモチーフです。礼拝堂のドアに卵で作ったリースを吊り下げたり、ロビーのテーブルの上に色とりどりの卵を飾ったりすると、ほほえましい雰囲気が醸し出されます。

ペンテコステ（Pentecost）

ペンテコステは「聖霊降臨日」で、イースターから50日後の日曜日に当たり、「五旬節」とも呼ばれます。聖書の使徒言行録によると、この日イエスの弟子たちは聖霊に満たされて教会を創りました。それゆえ、「教会の誕生日」と言われています。

来たれよ、聖霊、愛の炎、われらの心を燃やしたまえ

グロリオサ Glory lily、ストック Stock、ギボウシ Hosta

ペンテコステの典礼色は赤です。ここでは、5本の赤いローソクを立て、グロリオサを用いて聖霊の炎と使徒たちの情熱を表しています。

教会創立記念日 (Church Founding Anniversary)

新島襄は、京都に同志社を設立して10年後、
さらなる新しい伝道活動を東北に求め、富田鉄之助や
ジョン・ハイド・デフォレストらの協力を得て、1886年6月に仙台に
拠点となる中等教育機関「東華学校」を設立しました。
翌1887年3月13日、この学校の教師を中心にした教会が生まれ、
これが現在の仙台北教会の基となりました。
仙台北教会は3月13日を創立記念日として礼拝を守っています。
祝福と試練を通して導かれ現在に至っていることに感謝し、
いつも新しい挑戦や機会に対して堅い信仰を持ち、地域の愛と希望の光と
なって歩み続けることができるように祈ります。

扉を開きて われを導き、まことの光と 慰め満つる 神の家へと 迎えたまえや

ユリ Lily
ラナンキュラス Ranunculus
アスチルベ Astilbe
タマシダ Boston fernmeadowsweet

子どもの日・花の日 (Children's Day・Flower Sunday)

6月の第2日曜日は「子どもの日・花の日」と定められています。1856年のこの日、アメリカ・マサチューセッツ州の牧師が子どもたちのために特別な礼拝を行いました。これが全米に広がり、さらにこの季節が花の多いことから「花」に関連した行事と結びついて「花の日・子どもの日礼拝」となり、やがて全世界に広まりました。日本には明治期にアメリカの宣教師によって伝えられ、現在に至っています。

「なまえもしらない 野のはなも かみさまは さかせてくださる」って、イェスさまの おことば

子どもたちがたくさんのお花を持ち寄って礼拝堂を飾ります。そして、礼拝の後に、お年寄りや病に伏している方々を訪ねてお花を届けます。

平和聖日 (Peace Sunday)

日本基督教団は8月第1日曜日を平和聖日と定めています。
1962年、広島の被爆者からの建議により制定されました。
私たちは、過去の戦争の悲惨さを心に刻んで過ちを懺悔し、今この時も
戦争や紛争で武器と爆弾にさらされている人々を覚え、
平和の尊さとその到来を祈ります。

戦い疲れた 民に平和。壊れた世界に、今、平和を。
戦(いくさ)を知らせる ラッパは止み 夢見た平和が 今、始まる。

ユリ Lily
トルコキキョウ Lisianthus
カーネーション Carnation
クジャクソウ Aster

礼拝堂に飾られた
平和を祈る七夕飾り

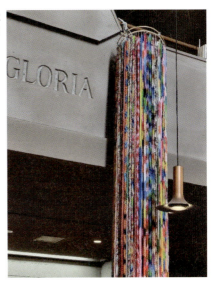

仙台七夕は江戸時代から続く伝統の祭りですが、旧暦に準じて行われるため、その初日が8月6日、広島に原爆が投下された日に当たります。
1976年、仙台北教会の油谷重雄さんや川端純四郎さんが中心になって平和七夕運動を起こし、「ノーモア・ヒロシマ・ナガサキ」を訴える吹き流しを街頭に飾りました。

この吹き流し飾りは平和を願う人たちが手作りした折り鶴から出来ています。今では全国から100万羽を越える折り鶴が寄せられるようになりました。油谷重雄さんの献身的な努力は今も続き、運動は若い人たちへと着実に広がっています。仙台北教会はこの運動を支援し礼拝堂に大きな吹き流しを飾ります。

世界聖餐日（World Communion Sunday）

10月の第1日曜日は「世界聖餐日」です。
全世界の教会が共に主の食卓を囲み聖餐にあずかり、
「主にあって一つ」であることを覚える日です。
これは、1930年代にアメリカ合衆国の長老教会で「世界中のキリスト者が
主によって結び合わされている」ことを覚えて
聖餐にあずかっていたことが始まりで、第二次世界大戦後、
世界教会協議会（WCC）の呼びかけによって世界中に
広まったものです。しかし、残念ながら、世界の諸教会は今なお
一致の実現に至っていません。いつの日か世界平和の礎となることが
できますようにと祈り続けます。

御国に召された 全ての聖徒と 結んでください、愛のきずなで

ムギ Wheat
ブドウ Grape

世界聖餐日には、祭壇に聖餐のパンとぶどう酒の材料となる麦とぶどうを用いたアレンジメントを献げます。

ムギ Wheat
ブドウ Grape
トルコキキョウ Lisianthus
リンドウ Gentian

宗教改革記念日（Reformation Day）

10月31日は宗教改革記念日で、
プロテスタント教会の成立を記念する日です。
1517年のこの日、マルチン・ルターはウィッテンベルク城教会の扉に
贖宥符販売を批判する「95か条の論題」（公開質問状）を貼り出し、
宗教改革の"扉"を開きました。それまでは一般の信徒が
聖職者の仲介なしに神の前に出て賛美することも歌うことも
許されていませんでした。宗教改革は、神の恵みがすべての「私」を
ありのままに受け容れて「義」としてくださる、
と説いたものです。私たち一人ひとりが「万人祭司」となって
神の前に立つことが許されるのです。

神はわがやぐら、わがつよき盾、苦しめるときの 近きたすけぞ。
おのが力 おのが知恵を たのみとせる 陰府(よみ)の長(おさ)も などおそるべき。

バラ Rose
レースフラワー Lace flower
ホトトギス Toad lily
ゴッドセフィアナ Gold dust dracaena

宗教改革の色は赤で、「ルターの紋章」に由来しています。この紋章には、霊と天使を表す白いバラの花弁の上に黒い十字架を負った赤いハートが描かれていました。赤はキリストの痛みと死によって生かされる命を象徴しています。
ここでは赤いバラと赤いローソクを用いています。

ウイッテンベルク城教会の
「95か条の論題」を刻んだ
扉の写真

召天者記念礼拝 (Memorial Service for Deceased members)

11月の第1主日に召天者記念礼拝が行われます。
その生涯を主イエス・キリストの証人として過ごし天に召された先人の遺影にお花を添えて祈ります。そして、今を生きる私たちが、生死を越え時代を越えた交わりの中にあることを覚えるのです。

天のみ民も、地にあるものも、
父・子・聖霊なる神をたたえよ、とこしえまでも

かつて教会で共に礼拝を守り今は主のみもとに召された信仰の友の写真の各段に、その多様な人生を想い起こしながら、さまざまな小さなアレンジメントを飾ります。講壇に献げる花はむしろ控えめにしています。

墓前礼拝
(於 仙台北教会納骨堂 1995 年)

収穫感謝礼拝（Thanksgiving Day）

アドヴェント直前の主日に行われます。
この収穫感謝礼拝は、1621年にイギリスからアメリカに移住してきたピルグリムたちが「新大陸」での最初の収穫を神に感謝し、また冬を越す知恵を授けてくれたネイティブ・アメリカンを招いて感謝し祝宴を催したことに由来しています。
日本では11月23日に「勤労感謝の日」を祝います。
これはその年に収穫された新穀を
神に献げて感謝する「新嘗祭」に由来しており、洋の東西を問わず
神に収穫を感謝する祈りは共通しています。

涙もて 蒔く人の 苦しみを 主は祝し、
喜びの歌をもて 刈り入れのときは来ぬ

大根 Japanese radish、人参 Carrot、白菜 Chinese cabbage、さつま芋 Sweet potato、リンゴ Apple、バナナ Banana、ユリ Lily、キク Chrysanthemum、つるもの Vines

待降節（Advent）

アドヴェントは「到来」を意味するラテン語 adventus に由来し、救い主の到来を待ち望むという意味から「待降節」と訳されています。それはクリスマス、すなわちキリストの「降誕」を迎える準備の期間であり、また死から復活して昇天されたキリストの「再臨」を待ち望む期間でもあり、私たちは「2つの到来」を待っていることになります。
待降節は12月25日のクリスマスからさかのぼって4回の日曜日を含む期間で、11月30日に一番近い主日から始まります。

いま来たりませ、救いの主イエス、この世の罪を あがなうために

ヒムロスギ Hinoki cypress
ヒイラギ Holly
針葉樹の球果 Conifer cones
サンキライの実
　　Japanese greenbrier berries

待降節に入るといよいよクリスマスを迎える準備が始まります。
まず教会の玄関正面のガラス壁に大きなアドヴェント・デコレーションを飾ります。リボンワークには、本来なら典礼色の紫を用いるところ、ここではデザイン性を意図して赤を使ってみました。

ヒムロスギ Hinoki cypress、ヒイラギ Holly、針葉樹の球果 Conifer cones、サンキライの実 Japanese greenbrier berries

礼拝堂の祭壇にアドヴェント・クランツを飾ります。アドヴェント・クランツは、常緑のスギやヒムロスギで輪状の土台を作り、そこに4本のローソクを立て、さらに松、ヒマラヤスギ、ドイツトウヒなど針葉樹の球果を添えています。

アドヴェント・クランツは、一般に祭壇の上から吊るすものですが、ここでは祭壇の上に載せています。4本のローソクはそれぞれ「希望」「平和」「喜び」「愛」を示し、日曜日ごとに1本ずつ灯を点し、すべてのローソクに灯が点されてクリスマスを迎えます。

待降節は、もともと祈りと断食の中で最後の審判を待つ厳粛な時であり、ローソクの色には"悔い改め"と"待望"を表す紫を用います。ただし、1本の「喜び」を表すローソクは明るめのオールド・ローズの色にして、待降節第3主日に点灯します。これは、天使が羊飼いたちにキリストの誕生をいち早く知らせたとの伝承に従って、「喜び」を先取りしていることを意味しています。

待降節には、クリスマスを迎える喜びを表現して、礼拝堂やロビーの扉や壁面に、リースやスワッグなど、さまざまなモチーフやデコレーションを作って飾ります。

待降節第3主日　トピアリー

待降節第4主日

ヒムロスギ Hinoki cypress、スギ Ceder leaves、
針葉樹の球果 Conifer cones、姫リンゴ Crabapple

ヒムロスギ Hinoki cypress
針葉樹の球果 Conifer cones

やがて4本すべてのローソクに灯が点り、
静かにクリスマス・イヴを迎えます。

28

クリスマス（Christmas）

12月25日はイエス・キリストの降誕を祝うクリスマスです。クリスマスの典礼色は白で、キリストの罪や汚れのない純潔と神聖を表しています。アドヴェント・クランツの4本すべてのローソクは白色に替えられ、クリスマスツリーにも白いローソク、白いオーナメントやリボンを飾り、みんなで祝います。

いそぎ来たれ、主にある民、み子の生まれし ベツレヘム
うたえ、祝え、天使らと共に

ヒムロスギ Hinoki cypress、サンキライの実 Japanese greenbrier berries、針葉樹の球果 Conifer cones、ヒイラギ Holly

結婚式
Wedding

よろこび かなしみ、生きるかぎり、
主よ、この二人を 祝したまえ。

ユリ Lily、カーネーション Carnation、トルコキキョウ Lisianthus、クジャクソウ Aster、レザーファン Leatherleaf fern

バラ Roses（pink, white, yellow）
カスミソウ Baby's breath
ルスカス Ruscus

バラ Rose
カスミソウ Baby's breath

葬　儀
Funeral

今やこの世に わかれを告げて 旅立ちゆく
恵みのみ手に すべてをゆだね 永遠(とわ)のみ国へと

ユリ Lily、チューリップ Tulip (Angelique)、ストック Stock、カーネーション Carnation、レザーファン Leatherleaf fern

ユリ Lily、トルコキキョウ Lisianthus、カーネーション Carnation、カンパニュラ Bellflower、キク Chrysanthemum、レザーファン Leatherleaf fern

棺の上にお花で作った十字架(Coffin Cross)を載せて故人への敬意と愛情を表します。

ユリ Lily
デンファレ Dendrobium orchid
スマイラックス Smilax

トルコキキョウ Lisianthus
デンファレ Dendrobium orchid
スマイラックス Smilax

トルコキキョウ Lisianthus
デンファレ Dendrobium orchid

ユリ Lily、トルコキキョウ Lisianthus、
ブルースター Blue star、ヘデラ Ivy

折々のささげもの
Occasional Offerings

冬の寒さも 春の風も 秋のひざしも 夏の露も、
……良いものみな 神から来る。
その深い愛を ほめたたえよう。

冬 Winter

新しい年を迎えて

バラ Rose、桜 Cherry blossom、ブルースター Blue star、ベロニカ Veronica

バレンタインデーに寄せて

バラ（ピンク、黄）Rose、ガーベラ Gerbera、トルコキキョウ Lisianthus、フリージア Freesia

ユーカリ Eucalyptus、フリージア Freesia

ユキヤナギ Spiraea

春 *Spring*

ポピー Poppy、フリージア Freesia、菜の花 Canola、桜 Cherry blossom

ポピー Poppy、スイセン Narcissus、
マトリカリア Feverfew

クレマチス Clematis、トルコキキョウ Lisianthus、バラ Rose、
デンファレ Dendrobium、クリスマスローズ Hellebore、
ハナトラノオ Obedient plant

バラ Rose、トルコキキョウ Lisianthus、デルフィニウム Delphinium、
グロリオサ・ルテア Gloriosa lutea、
ブルーレースフラワー Blue lace flower、ブローディア Brodia

夏 *Summer*

ギボウシ Hosta

ユリ Lily、スターチス Statice、キイチゴ Raspberry

ルドベキア Rudbeckia、アジサイ Hydrangea、クジャクソウ Aster、カクトラノオ Obedient plant

パンパスグラス Pampas grass、ギボウシ Hosta、ホトトギス Toad lily

秋 *Autumn*

ユリ Lily、トルコキキョウ Lisianthus、キンギョソウ Snapdragon

リンドウ Gentian、ホトトギス Toad lily、キク Chrysanthemum、スズバラ Sweetbriar

クイーンプロテア Queen protea、ガマズミ Viburnum

ダリア Dahlia、ホトトギス Toad lily、キク Chrysanthemum、スズバラ Sweetbriar

ユリ Lily、トルコキキョウ Lisianthus、レザーファン Leatherleaf fern

亡き友を偲んで

In memory of the deceased

主にありてぞ われは生くる、
われ主に、主われに ありてやすし。

著者略歴

川端安子　KAWABATA Yasuko
<small>かわばたやすこ</small>

1926 年、小樽市に生まれる。1939 年受洗。旧制宮城県女子専門学校数学科（東北大学の前身の一つ）卒業。恵泉女学園短期大学園芸科フラワースクールでビル・ヒクソン氏に師事。長年にわたり日本基督教団仙台北教会における宣教活動とともにフラワーアレンジメントの指導と普及に尽力する。

手塚恭子　TEZUKA Kyoko
<small>てづかきょうこ</small>

1944 年、旧満州（現在の中国東北部）に生まれる。尚絅学院短期大学保育科卒業。日本基督教団仙台ホサナ教会附属幼稚園教諭。フラワーアレンジメントを川端安子氏と新妻尚美氏に師事、ローヤルフラワースクール教授、フラワーアレンジメント教室「花工房すみれ」を主宰。木村学園手編み本科修了、同指導教授、日本編物文化協会認定講師、仙台 YWCA 手編み教室講師。2011 年の東日本大震災に際しボランティアグループ「編み物いっぽ」を立ち上げて被災者支援に尽力、その後 2023 年まで活動を継続。

手塚文明　TEZUKA Fumiaki
<small>てづかふみあき</small>

1944 年、山形県に生まれる。1968 年、東北大学医学部卒業。病理学を専攻、医学博士。東北大学助教授、同大学病院病理部副部長、同臨床教授、NHO 仙台医療センター臨床研究部長を歴任。1983-1984 年、フンボルト財団奨学生としてドイツ留学。現在　仙台赤十字病院および JCHO 仙台病院の顧問。

あとがき

2024 年は年明け早々に能登半島大地震の悲報が伝えられてきました。日を追うごとに死者の数が増えるばかりで、私たちは 2011 年 3 月 11 日に起こった東日本大震災のことを思い出さざるをえませんでした。想像を絶する未曾有の惨劇に見舞われ、私たちの周りでも多くの友人・知人が被災し、また命を落としました。…… 死は謎に満ちて定義しがたい。定義することができないのに、その到来だけは決まっている……。死に意味を見出そうとするのは人間の本性なのでしょうか。地震に圧し潰され津波に呑み込まれて命を落とした人たちは、その不合理な死に向かって何を叫び、何を問いかけたのでしょう？ 想像するだけでも胸のかきむしられる思いがするのです。

それからまもない 1 月 6 日に、敬愛する伊藤香美子さんが突然亡くなりました。 その悲しみに包まれながら、自らの長い教会生活の中で、どれほど多くの大切な信仰の師や友を天にお送りしたことだろうか、と想い起こしています。

新子元子さん、伊藤香美子さん、金矢奈美子さん、川端ウメヨさん、川端純四郎さん、工藤シマさん、斎藤恵子さん、斎藤晃七さん、櫻井 傳さん、佐治 望さん、佐藤泰平さん、佐藤玲子さん、庄ノ 敬さん、菅 基久子さん、菅 千代さん、吉田弘子さん、吉原健雄さん

今は亡きすべての方々に、それぞれの親しき交わりの時を想い起こし、いつの日か再び相見える時を待ち望みながら、感謝をもってこの花集をお捧げいたします。
なお、このたびの出版にあたり、日本キリスト教団出版局の飯光様には温かくお導きいただきました。末筆になりましたが、心からの感謝を申し上げます。

　　　2024 年 12 月 クリスマス　　　日本基督教団　仙台北教会
　　　　　　　　　　　　　　　　　　川端安子、手塚恭子、手塚文明

引用賛美歌一覧

8 頁	『讃美歌 21』298
10 頁	『讃美歌 21』335
13 頁	『讃美歌 21』350
14 頁	『讃美歌 21』3
15 頁	『讃美歌 21』60
16 頁	『讃美歌 21』373

Words: ©1985 and this translation ©1987 by Hope Publishing Co. Carol Stream, IL 60188. All rights reserved. Used by Permission.

18 頁	『讃美歌 21』80
20 頁	『讃美歌』(1954 年版) 267
22 頁	『讃美歌 21』29
24 頁	『讃美歌 21』388
25 頁	『讃美歌 21』229
29 頁	『讃美歌 21』259
31 頁	『讃美歌 21』103
35 頁	『讃美歌 21』569
39 頁	『讃美歌 21』386
53 頁	『讃美歌 21』518

教会の花
Floral Art of the Protestant Church

ⓒ川端安子、手塚恭子、手塚文明

2025 年 3 月 20 日　初版発行

著者　川端安子、手塚恭子、手塚文明

発行　日本キリスト教団出版局
〒 169-0051
東京都新宿区西早稲田 2-3-18
電話・営業 03(3204)0422
　　　編集 03(3204)0424
https://bp-uccj.jp/

印刷・製本　三秀舎
デザイン　堀木一男

ISBN978-4-8184-5567-2　C0016　日キ販
Printed in Japan